नाद सुनाना पड़ता है...

प्रियंका मिश्र

प्रभात प्रकाशन

ज्ञान शांति मैत्री
महात्मा गांधी अंतरराष्ट्रीय
हिंदी विश्वविद्यालय, वर्धा

प्रकाशक • **प्रभात प्रकाशन प्रा. लि.**
4/19 आसफ अली रोड,
नई दिल्ली–110002

संस्करण • प्रथम, 2022
मूल्य • दो सौ पचास रुपए
मुद्रक • आर–टेक ऑफसेट प्रिंटर्स, दिल्ली

NAAD SUNANA PADTA HAI...
Poems by Miss Priyanka Mishra ₹ 250.00
Published by Prabhat Prakashan Pvt. Ltd., 4/19 Asaf Ali Road, New Delhi-2
e-mail: prabhatbooks@gmail.com ISBN 978-93-94534-33-9

उस पिता को
जो जीवन की यात्रा में
संघर्षों की आँच में भी
करते रहे संवाद निरंतर
मेरी जिजीविषा से
और सदा देते रहे
अपने स्नेह की छाया
तथा
उस माँ को
जो निरंतर भरती रही मुझमें
संघर्षों की तपिश
ताकि जीवन की यात्रा में
पा सकूँ अपनी मंजिल
सहजता से।

नांदीवाक्

कविता अंतर्मन की गूँज है या चेतना का नाद अथवा मनुष्य के जीवनानुभवों का अनुरणन है; इसको लेकर बड़ी चर्चा हो सकती है। किंतु एक बात तो सर्वमान्य है कि कविता सघनीभूत अनुभूति है और उस सघन अनुभूति का वाक् प्रस्फुटन है। इस वाक् प्रस्फुटन में कल्पना है, आदर्श है, क्षोभ है तो नेह-छोह की कोमल संवेदना भी है और इन सबको गाने की जिद्द भी। ऐसा ही यह काव्य-संग्रह है—'नाद सुनाना पड़ता है···'।

डॉ. प्रियंका मिश्र के इस काव्य-संग्रह में आराधन के स्वर हैं तो प्रकृति का सहज अनुभव भी है, अंतर्मन की गूँज है तो संबंधों की संवेदना और एक कवयित्री के रूप में अपने समय और परिवेश के लिए अभिप्रेरक आदर्श की कविता भी है। इसमें कोमल-ललित कविता है तो चीखती, चेतावनी देती, सचेत करती अभिव्यक्तियाँ भी हैं। नेह-छोह के गीत हैं तो समय की विद्रुपताओं से टकराती हुई कविता भी है। यह विविध काव्य-रसों का एक श्रेष्ठ विपाक है।

एक युवा कवयित्री के ओज की अभिव्यंजना के साथ-साथ साहित्य के गंभीर अध्येता की प्रांजल भाषिक अभिव्यक्ति भी सर्वत्र विस्तारित है। काव्य-शिल्प के नए प्रतिमानों के मुकाबले यह कहाँ खड़ी होगी नहीं मालूम, किंतु यह संग्रह हर पाठक के लिए ओज, माधुर्य के साथ आह्लाद का हेतु बनेगी इसका विश्वास है। मैं इस संग्रह की श्रेष्ठ कविताओं के लिए

डॉ. प्रियंका मिश्र को शुभाशंसा देता हूँ तथा यह विश्वास व्यक्त करता हूँ कि आनेवाले दिनों में इसी भावभूमि पर कुछ और कविताएँ नए संग्रह में पढ़ने को मिलेंगी।

—रजनीश कुमार शुक्ल
कुलपति
महात्मा गांधी अंतरराष्ट्रीय हिंदी विश्वविद्यालय, वर्धा

कुछ अपने मन की…

कविता मन की अंतरयात्रा होती है। इसलिए कवि उस अंतरयात्रा में अपने जीवन की प्रत्येक अनुभूतियों को स्वरांजलि देने के लिए कविता लिखता है। वह वही लिखता है, जो उसकी आत्मा उसे कहती है। वह जीवन की नदी में उतरकर संवेदनाओं से भीगता है, उनसे संवाद करता है। नदी भले ही कुछ नहीं कहती, लेकिन उसकी हर लहर, हर धार कवि को एक यात्रा की ओर ले जाती है। यात्रा नदी की, यात्रा जीवन की, यात्रा जीवन के सत्य की। इस यात्रा में चलते-चलते कवि जिन पड़ावों से गुजरता है, वह एक क्षण वहाँ रुककर उस जीवन को महसूस करता है और फिर आगे बढ़ जाता है। इसी यात्रा से उसे कविता लिखने की ऊर्जा मिलती है। उसे मिलते हैं कविता के लिए शब्द, जीवन के अर्थ और सच को कहने का साहस।

मेरा जीवन भी ऐसी अनेक यात्राओं में आनेवाले पड़ावों से गुजरकर दृढ़ हुआ। यात्रा भी ऐसी, जिसमें संघर्षों का लंबा पथ निरंतर मुझे जूझने की चुनौती देता रहा। उस चुनौती से पार पाने के लिए कविता मेरी सहयात्री बनी। कविता ने मुझे जीने की प्रेरणा दी और जीवन के सत्य तक पहुँचने का रास्ता दिया। इस रास्ते में अनेक पड़ावों पर मुझे जीवन के दर्शन को समझने के लिए अनेक लोगों का सन्मार्ग मिला। उनके चिंतन ने मुझे उन संघर्षों से पार पाने और जीवन-यात्रा के लक्ष्य तक पहुँचने में सहायता दी। इस यात्रा में मेरे गुरु के रूप में मुझे मार्ग दिखाने के साथ-साथ मेरे सहयात्री रहे मेरे पिता श्री सुभाष चंद्र मिश्र, जो निरंतर मुझसे जीवन का संवाद करते रहे; मेरी माता श्रीमती इंद्रावती

देवी, जो मुझमें भरती रही संघर्ष की तपिश; मेरा भाई मनोज, जिसने निरंतर मुझे प्रेरणा दी, इनके स्नेह और संबल ने ही मुझे इस कविता-संग्रह को लिखने के लिए प्रेरणा तो दी ही, साथ ही दी जीवन के साथ कदमताल करने की गति।

मैं विशेष रूप से आभार व्यक्त करती हूँ पितातुल्य आचार्य रजनीश कुमार शुक्लजी का, जिनकी प्रेरणा से मेरी जिजीविषा को शब्द मिले और वे भावों की सरिता के रूप में बहते हुए काव्य-गंगा में समाहित हो गए। इस संग्रह की भूमिका के रूप में उनका आशीर्वाद मेरे लिए प्रसाद से कम नहीं। सादर नमन… !

यह कविता-संग्रह मेरे विचारों की विराटता को लक्षित करता है, ऐसा मैं दावा नहीं करती। लेकिन व्यक्ति के विचार ही उसकी रचनाधर्मिता में अभिव्यक्त होते हैं। इसलिए इसमें मुझे सहजता से खोजा जा सकता है। लेकिन पूर्णत्व की यात्रा अभी बाकी है। शायद यह यात्रा कभी पूर्ण नहीं होगी, क्योंकि पूर्णत्व व्यक्ति की खोज को विराम दे देता है। यह यात्रा अभी आरंभ हुई है, निश्चित रूप से यह अपने लक्ष्य तक पहुँचने तक जारी रहेगी। हो सकता है कि इस यात्रा में आप भी कभी मेरी वैचारिकता के सहयात्री बनें। अस्तु… !

—प्रियंका मिश्र

एसोसिएट प्रोफेसर (हिंदी), दूरशिक्षा निदेशालय

महात्मा गांधी अंतरराष्ट्रीय हिंदी विश्वविद्यालय

वर्धा (महाराष्ट्र)

priyadarshnimishra85@gmail.com

अनुक्रम

संबंध

अभिप्रेरणा

आराधन

सरस्वती वंदना

सृष्टि हुई संचालित तुमसे
बिना तुम्हारे शून्य रहेगी
तान नहीं यदि तुमने दी माँ
स्वर की सरिता नहीं बहेगी

स्वर को गुंजित करके तुमने
शब्दों को विस्तार दिया है
इस जग के हर जीव-जंतु को
तुमने अपना प्यार दिया है

हे माँ! रहे सुवासित मंदिर
ऐसा इक आधार चाहिए
अँधियारे के सघन वनों की
जड़ता का संहार चाहिए

शब्द साधिका हूँ मैं मैया
शब्दों का भंडार चाहिए
उन शब्दों के फिर अर्थों में
अर्थों का विस्तार चाहिए

माँ, सुन लो आराधन मेरा
मुझको थोड़ा प्यार चाहिए
सही अर्थ जीवन का मुझको
एक नया आकार चाहिए।

□

वर्षों बाद लौटकर आए अवधपुरी में राम हमारे...

तंबू के नीचे बैठे तुम
राजमहल से बाहर अपने
कब लौटोगे राजमहल में
हम सब देख रहे थे सपने

चार सदी से सूने-सूने
सिंहासन को रोज निहारे
वर्षों बाद लौटकर आए
अवधपुरी में राम हमारे

सबके मन में खुशहाली है
जैसे कोई खान मिली हो
अंतिम क्षण में अरमानों को
जैसे फिर से जान मिली हो

होंठों से मनमोहक खुशबू
केवल प्रभु का नाम पुकारे
वर्षों बाद लौटकर आए

अवधपुरी में राम हमारे
धन्य धरा का वह स्थल है
जहाँ तुम्हारे पाँव पड़े हैं
अगवानी को पथ में लेकर
लोग हजारों थाल खड़े हैं

नजर बिछाए पथ में बैठे
केवट, शबरी द्वार तुम्हारे
वर्षों बाद लौटकर आए
अवधपुरी में राम हमारे।

□

मैं वतन को नेह का…

लोग यह समझेंगे कि
उपदेश देना चाहती हूँ
मैं वतन को नेह का
परिवेश देना चाहती हूँ

शब्द अर्थों से अलग
उपयुक्त होना चाहते हैं
लोग जिम्मेदारियों से
मुक्त होना चाहते हैं
मैं उन्हीं लोगों को बस
संदेश देना चाहती हूँ
मैं वतन को नेह का
परिवेश देना चाहती हूँ

जो नदी के पुल कभी थे
वे नदी में जा मिले हैं
माँ-बहन-भाई के रिश्ते
में भले शिकवे-गिले हैं
किंतु इनमें नेह है

निर्देश देना चाहती हूँ
मैं वतन को नेह का
परिवेश देना चाहती हूँ

पूरी धरा को वैभवों से
युक्त होना चाहिए
हर घर–परिवार को
संयुक्त होना चाहिए
मैं युवा पीढ़ी को
निर्मल देश देना चाहती हूँ
मैं धरा को प्रेम का
परिवेश देना चाहती हूँ।

□

ऐसा अपना संविधान है…

रश्मिरथी से टकराने का
जो सबको संबल देता है
प्रश्नों के उगने से पहले
जो प्रश्नों का हल देता है

जो सत् के पथ पर चलता है
साथ उसी के चल देता है
जो निष्पक्ष भाव से अपने
सबको ही प्रतिफल देता है

सदा भाग्य पृष्ठ पर अपने
कर्मों को ही बल देता है
सबको न्याय–व्यवस्था देकर
एक सुनहरा कल देता है

भारत माँ के आँचल से हम
विघ्नों का संधान करें
आओ मिलकर एक साथ में
हम अपना जयगान करें

सब धर्मों को विश्वलोक में
जो प्रधानता देता है
गंगाजल, जमजम दोनों को
एक मान्यता देता है

एक हाथ गुरुवाणी–गीता
दूजे में बाइबल–कुरान है
राष्ट्रगान है जन–जन के हित
यह भारत का स्वाभिमान है

अपनी न्याय–व्यवस्था ऐसी,
ऐसा अपना संविधान है
इसलिए यह भाग्य विधाता,
भारत–भू माँ के समान है।

□

दिवस यही है

दिवस यही है जिस दिन सबने
सबको शीश झुकाना सीखा
दिवस यही है जिस दिन सबने
खुलकर के मुसकराना सीखा

दिवस यही है जिस दिन सबने
अपने राष्ट्रगान को चूमा
यों लगता था सबने मिलकर
अपने स्वाभिमान को चूमा

सबसे गौरवशाली क्षण था
जब ध्वज आसमान में झूमा
चहुँदिशा से आई बयार फिर
उसने ध्वज का माथा चूमा

मन पिंजरे को खोल रहा था
बस हिंदुस्ताँ बोल रहा था
यों लगता था उस बोली में
ईश्वर मिश्री घोल रहा था

लेकिन मखमल पाने से
हम कपास को भूल गए थे
नींदों ने अँगड़ाई ली तो
हम उजास को भूल गए थे

मंजिल पाने भर से केवल
हम तलाश को भूल गए थे
उस पल की यह सच्चाई है
हम सुभाष को भूल गए थे।

□

समरभूमि में जाकर जिसने...

समरभूमि में जाकर जिसने
अपना रक्त बहाया है
इस प्यासी धरती को जिसने
अपना लहू पिलाया है

तोपों के सम्मुख अपनी
छाती को ताने खड़ा रहा
जब तक प्राण रहे दुश्मन के
सम्मुख तब तक अड़ा रहा

माँ का मस्तक न झुक जाए
अपना शीश कटाया है
हम सबकी रक्षा के खातिर
अपना सुख चैन मिटाया है

वे पीछे भी हट सकते हैं
अपने प्राण बचाने को
किंतु नहीं पीछे हटते हैं
सबका मान बचाने को

किंतु उन्हें हम क्या दे पाए
इसका भी तो भान करो
परमवीर चक्र सौंपा जो
उसका तो सम्मान करो

चार दिनों में ही उनका
बलिदान भूल क्यों जाते हैं?
उनके परिजन का करना
सम्मान भूल क्यों जाते हैं?

□

चट्टानें मसली चुटकी से...

तुम अपने सपनों का पहले
क्या आकार पता कर लेना
चट्टानें मसली चुटकी से
कितनी बार पता कर लेना

वसुंधरा है माता मेरी
हम सब भारतवासी हैं
प्राण निछावर करनेवाले
हम पूरे संन्यासी हैं

पूरी दुनिया पढ़ती मुझको
मेरा सार पता कर लेना
चट्टानें मसली चुटकी से
कितनी बार पता कर लेना

हुंकारों से डरकर जिनके
तेज हवाएँ चीखी हैं
गर्भकाल में ही शिशुओं ने
युद्ध कलाएँ सीखी हैं

तलवारों का शौक अगर हो
पहले धार पता कर लेना
चट्टानें मसली चुटकी से
कितनी बार पता कर लेना

सागर–मंथन करने पर
रत्नों संग गरल भी निकलेगा
इसका भी निर्णय कर लेना
गरल को फिर कौन पिएगा

पीनेवाला मिल जाए जब
तो आधार पता कर लेना
चट्टानें मसली चुटकी से
कितनी बार पता कर लेना।

□

प्रकृति

मैं पानी हूँ...

तुम कहते हो तो कहती हूँ
मैं पानी हूँ बस बहती हूँ

मुझको फर्क नहीं पड़ता है
कौन मुझे कैसे पढ़ता है
यही कर्म है मेरा नित जो
अकसर तपिश सहा करती हूँ
तुम कहते हो तो कहती हूँ
मैं पानी हूँ बस बहती हूँ

जीवन की मैं हरियाली हूँ
मधुमय अमृत की प्याली हूँ
मुझसे नियति चला करती है
मैं ही कण-कण में रहती हूँ
तुम कहते हो तो कहती हूँ
मैं पानी हूँ बस बहती हूँ

शिशुता, वृद्धा, तरुणाई में
चलती सबकी अगुआई में

लोग बदलते क्षण-क्षण पर मैं
पानी हूँ पानी रहती हूँ
तुम कहते हो तो कहती हूँ
मैं पानी हूँ बस बहती हूँ।

□

शरद की भोर…

वह शरद की भोर थी या
थी मेरे मन की पिपासा
जो नियति में बो रही थी
बस प्रणय की एक आशा

गंध फूलों से निकल कर
तितलियों को खींच लाई
दृश्य था इतना मनोरम
दृष्टि मेरी झिलमिलाई

ओस की बूँदें लगीं ज्यों
नववधू का रूप धारे
कर रहीं उपवन सुशोभित
भाल पर उतरे सितारे

रूप का जादू चला यों
धूप की पहली किरण से
अठखेलियाँ करने लगी मैं
शांति के वातावरण से

शांति का वातावरण वह
यह बताना चाहता था
जिंदगी है गीत इसको
गुनगुनाना चाहता था।

□

मैं मिट्टी हूँ

मैं मिट्टी हूँ
जैसा चाहो
दे दो तुम आकार,
दोगे जो आकार, करूँगी
मैं उसको स्वीकार।

चाहे मुझसे
महल बनाओ
चाहे फसल उगाओ,
चाहे घिसकर
अपने माथे
मुझसे तिलक लगाओ।

जितनी शिद्दत
होगी उतना
दूँगी तुमको प्यार,
मैं मिट्टी हूँ
जैसा चाहो
दे दो तुम आकार,
दोगे जो आकार, करूँगी
मैं उसको स्वीकार।

जब अँधियारा
घेरे तुमको
मुझसे दीये बनाना,
मैं शीतलता
दूँगी चाहे
मुझपर आग जलाना,
जितना नेह
करोगे उतना
ही होगा विस्तार,
मैं मिट्टी हूँ
जैसा चाहो
दे दो तुम आकार,
दोगे जो आकार, करूँगी
मैं उसको स्वीकार।

नापो पहले
पूरी दुनिया
जब चलकर थक जाना,
लोरी तुम्हें
सुनाऊँगी मैं
गोदी में सो जाना,
जहाँ जरूरत
होगी जैसी
वैसा हूँ आधार,
मैं मिट्टी हूँ
जैसा चाहो
दे दो तुम आकार,
दोगे जो आकार, करूँगी
मैं उसको स्वीकार।

□

सोच रही थी तुम्हें भूलकर…

चाँद-सितारे आसमान से
तोड़ धरातल पर बिखराऊँ
सोच रही थी तुम्हें भुलाकर
नए विषय पर कलम चलाऊँ

पत्र लिखा मैंने मेघों को
तुम्हें धरातल पर आना है
सूख रही बंजर धरती पर
वापस हरियाली लाना है

मेघ निमंत्रण पर जब आए
सुधियों की फसलें मुसकराईं
उन्हें देखकर जी करता है
उनको थोड़ा फिर निहराऊँ
सोच रही थी तुम्हें भुलाकर
नए विषय पर कलम चलाऊँ

जब-जब स्वर्ग लिखूँ धरती को
तब-तब याद बहुत आते हो

ऐसा लगता खुशबू बनकर
तुम धरती पर मँडराते हो

इर्द-गिर्द रहते हो मेरे
नहीं हुए हो दूर कभी भी
एहसासों ने बाँध रखा है
कैसे मैं तुमको बिसराऊँ
सोच रही थी तुम्हें भुलाकर
नए विषय पर कलम चलाऊँ

विषय चयन का किया निरीक्षण
तुम हो उसके केंद्रबिंदु में
पंक्ति समूची निकली तुमसे,
तुम्हीं समूचे केंद्रबिंदु में

विषयवस्तु से तुम निकलो तो
भाव समूचा मर जाएगा
मन नदिया है, मैं पत्थर हूँ
कैसे खुद से बाहर आऊँ
सोच रही थी तुम्हें भुलाकर
नए विषय पर कलम चलाऊँ।

□

एक बूँद पानी की कीमत…

प्यास नहीं
होगी जिसको
फिर वह कीमत क्या जानेगा
एक बूँद
पानी की कीमत
बस प्यास पहचानेगा

जिसका दिन
तपती दोपहरी
में पूरा ही बीता हो
चलते-चलते
पाँव थके हो
जो पानी को रीता हो

गला बिंधा हो
देह त्याग कर
प्राण निकलनेवाले हों
टूटे आशा
के अंबर हों

और बिखरनेवाले हों
उसकी खातिर
अमृत है जल
बात वही यह मानेगा
एक बूँद
पानी की कीमत
बस प्यास पहचानेगा।

□

अंतर्मन

मुझे मजबूरियों के दौर ने···

सुनो! बेदर्द लोगों ने
बहुत मिलकर सताया है
मुझे मजबूरियों के
दौर ने जीना सिखाया है

लगे जब पाँव में काँटे
जगी उम्मीद जीने की
जवाँ होने लगी फिर से
बुझी उम्मीद सीने की

उसी के हौसलों ने
पत्थरों को बुत बनाया है
मुझे! मजबूरियों के
दौर ने जीना सिखाया है

किसी उम्मीद का साया
किसी उम्मीद ने तोड़ा
उन्हीं की ठोकरों ने हर
दफा मुझको इधर मोड़ा

अँधेरी वादियों ने भी
मुझे रस्ता बताया है
मुझे मजबूरियों के
दौर ने जीना सिखाया है

कभी तूफान से जब टूट
कर झुकने लगीं शाखें
हुए बेबस कभी जब-जब
हुई लाचार ये आँखें

पकड़कर मुश्किलों ने ही
मुझे ऊपर उठाया है
मुझे मजबूरियों के
दौर ने जीना सिखाया है।

□

अपने मन की भाषा…

तुमने पूछा
मैंने लिख दी
अपने मन की भाषा
इससे ज्यादा
लिख पाऊँगी
क्या अपनी परिभाषा

जितना सहज
हृदय था मेरा
उतना सरल लिखा है
पानी जैसा
पूरा मन है
जिसको तरल लिखा है
तुमसे मेरा
पूरा जीवन
तुम हो मेरी आशा
इससे ज्यादा
लिख पाऊँगी
क्या अपनी परिभाषा

तुमने पूछा
मैंने लिख दी
अपने मन की भाषा

निर्मल मन,
पावन गंगा—
जल, आँसू से बहता है
मौन अधर की
आत्मकथा को
जो गिरकर कहता है
तुमसे मिलकर
उठने लगती
मन में नई सुवासा
इससे ज्यादा
लिख पाऊँगी
क्या अपनी परिभाषा
तुमने पूछा
मैंने लिख दी
अपने मन की भाषा

हित–अनहित का
अर्थ भले ही
समझ नहीं आता है
किंतु पतंगा
मन मेरा जो
तुम पर मँडराता है
मैंने खुद को

लौ पर रखकर
अपना प्रेम तराशा
इससे ज्यादा
लिख पाऊँगी
क्या अपनी परिभाषा
तुमने पूछा
मैंने लिख दी
अपने मन की भाषा।

□

नाद सुनाना पड़ता है···

जब तरुणाई सोने लगती
मुझे जगाना पड़ता है
अपने पंचम तीखे स्वर का
नाद सुनाना पड़ता है

मन करता है मैं भी केवल
मीठे स्वर के गीत सुनाऊँ
मोहक खुशबू बनकर फैलूँ
और फिजाओं को दुलराऊँ
तभी दृश्य आ जाता कोई
बेबसता–लाचारी का
और कसक उठता है सीना
राग बुझाना पड़ता है
अपने पंचम तीखे स्वर का
नाद सुनाना पड़ता है

पल में रूप बदल लेती है
दुनिया भर की दुनियादारी
मुझे नहीं सोने देती है

मुझको ही मेरी खुद्दारी
मैं केवल सच को सच कहती
लोग छलावा करते हैं
निर्बलता को जब-जब छल का
भार उठाना पड़ता है
अपने पंचम तीखे स्वर का
नाद सुनाना पड़ता है

पायल, चूड़ी, कंगन, बिंदिया
मन करता है बाली पर
मैं छंद मनोरम लिख सकती हूँ
फूलों वाली डाली पर
किंतु अस्मिता पर जब देखूँ
दृष्टि घिनौनी आती है
दुर्गा और भवानी वाला रूप
दिखाना पड़ता है
अपने पंचम तीखे स्वर का
नाद सुनाना पड़ता है।

□

अहंकार...

अहंकार जब–जब सिर चढ़कर
नर्तन करने लगता है
संस्कार की पुण्य धरा पर
मर्दन करने लगता है

अपने आगे नहीं सुनेगा
रत्ती भर भी बातों को
चाहे रात कहेगा दिन को
दिन बोलेगा रातों को

अपने वैभव और ज्ञान का
खुद ही ध्वज फहराता है
बात–बात पर क्रोधित होकर
प्रभुताई दिखलाता है

स्वाभिमान में जब बहरूपिया
अहंकार भर जाता है
गुण–अवगुण का रूप धारते

स्वाभिमान मर जाता है
जब विवेक हर लेता मानव
नीचे धँसने लगता है
किए गए पिछले कर्मों पर
पानी फिरने लगता है

अहम भूमिका लिखता ऐसे
कष्टों की अगुआई में
शत्रु दिखाई देने लगता
खुद अपनी परछाई में

हिस्सेदारी करता मानव
अपनी स्वयं तबाही में
बाधक बनकर अड़ जाता
खुशियों की आवाजाही में

अहंकार से धीरे-धीरे
भाग्य पतन हो जाता है
जिसके कारण अहंकार वह
पल भर में खो जाता है।

□

अर्थियाँ लाँघने का हुनर ही नहीं···

लाँघकर उस तरफ
कैसे आऊँ कहो?
अरथियाँ लाँघने का
हुनर ही नहीं!
सभ्यता, आचरण
मेरी रग-रग में है
यह भटकने नहीं
मुझको देती कहीं

कोई पीड़ित हृदय
जब कहीं दीखता
मेरा खुद का हुनर
तब मुझे रोकता
बाँधकर बेड़ियाँ
खींच लेता मुझे
पाँव रुक जाते हैं
फिर वहीं के वहीं

सभ्यता, आचरण
मेरी रग-रग में है

यह भटकने नहीं
मुझको देती कहीं

जल भरी आँख ने
जब निहारा मुझे
जैसे कहने लगीं
दो सहारा मुझे
मेरी पलकों ने उनको
किनारा दिया
खुद जलाशय में
खुद को डुबोती रहीं
सभ्यता, आचरण मेरी
रग-रग में है
यह भटकने नहीं
मुझको देती कहीं

दीन-दुःखियों के चेहरों
को मुसकान दी
उनमें साहस भरा
और पहचान दी
सिर्फ उनकी दुआएँ
सँजोकर रखीं
छोड़कर शेष जाना
मुझे सब यहीं
सभ्यता, आचरण मेरी
रग-रग में है
यह भटकने नहीं
मुझको देती कहीं।

□

नूपुरों से मेरे···

नूपुरों से जब
मीठी–मीठी
तान सुनाई देती है
खो जाती हूँ
धुन में इक
तस्वीर दिखाई देती है

साँझ ढले ही
आ जाता है
वह मेरे ख्वाबों में
जाने बातें
क्या–क्या होती
हैं बातों–ही–बातों में
नहीं रात भर
सोने देता
आँख गवाही देती है
खो जाती हूँ
धुन में इक
तस्वीर दिखाई देती है

नूपुरों से जब
मीठी–मीठी
तान सुनाई देती है

दर्पण भी मुँह
फेरे अपना
जब भी सजते–धजते हैं
खन–खन, खन–खन
बैरी कंगन
चूड़ी संग ही बजते हैं
पग–दो पग भी
साथ नहीं अब
यह परछाई देती है
खो जाती हूँ
धुन में इक
तसवीर दिखाई देती है
नूपुरों से जब
मीठी–मीठी
तान सुनाई देती है

गाँव–गली–
आँगन को पूरे
सुधियों ने आ घेरा है
मन के हर
कोने में केवल
सुधियों का ही डेरा है
सुधियों की

आवाज मुझे अब–
जब तनहाई देती है
खो जाती हूँ
धुन में इक
तसवीर दिखाई देती है
नूपुरों से जब
मीठी–मीठी
तान सुनाई देती है।

□

प्रश्न उठाने वालों...

प्रश्न उठाने
वालों ने यदि
मजबूरी समझी होती तो
मौन हृदय पर
बिखरे सारे
प्रश्नों के उत्तर मिल जाते।

मौन प्रेम की
परिभाषा है
उत्तर देना ठीक नहीं है
बातों को
बातों-बातों से
तर कर देना ठीक नहीं है
मुझे पता था
वक्त-विरोधी
कोई तो षड्यंत्र करेगा
मैं फूलों के
गुच्छे देती
उनमें कुछ पत्थर मिल जाते,

मौन हृदय पर
बिखरे सारे
प्रश्नों के उत्तर मिल जाते।

आसमान का
उजला तारा
तूफानों में खो जाता है,
कुछ प्रश्नों को
हल करने में
जीवन बदतर हो जाता है,
प्रश्न उठाने
वालों को भी
शायद यह अनुमान नहीं था
अगर प्रश्न ही
करने थे तो
इससे भी बेहतर मिल जाते ,
मौन हृदय पर
बिखरे सारे
प्रश्नों के उत्तर मिल जाते।

चिंतित हो तो
मंथन करना
यह चिंतन अपवाद नहीं है,
किंतु अकारण
कुछ भी कहना
यह विधि का अनुवाद नहीं है,
निष्कर्षों की

लिखी समीक्षा
समय-समय पर बदली क्यों हैं?
इसका अंतर
खोजा होता
तो सारे अंतर मिल जाते,
मौन हृदय पर
बिखरे सारे
प्रश्नों के उत्तर मिल जाते।

□

जीवन है इस जग का मालिक...

जीवन है इस जग का मालिक
और नियति है इसकी यति-गति
जब-जब नियति थमी है, तब-तब
शून्य हुई है सबकी यति-गति

प्राणहीन संसार अगर हो
कौन सँवारेगा तन अपना
वीरानी होगी यह दुनिया
कोई नहीं पलेगा सपना

दोनों का सहयोग नहीं तो
संभव होगी किसकी यति-गति
जब-जब नियति थमी है, तब-तब
शून्य हुई है सबकी यति-गति

अल्फाजों पर टिकी हुई है
संस्कार की बड़ी इमारत
मिट्टी सी बिखरी है पल-पल
जब-जब इनकी हुई तिजारत

परंपरा के उजड़े उपवन
साँझ–सवेरे सिसकी यति–गति
जब–जब नियति थमी है, तब–तब
शून्य हुई है सबकी यति–गति

काँटों की बगिया से चुनकर
केवल फूल रखा जाता है
अधरों का मधुमास बचाकर
मधु का स्वाद चखा जाता है

यह परिभाषा आत्मसात् की
आत्मसात् से चमकी यति–गति
जब–जब नियति थमी है, तब–तब
शून्य हुई है सबकी यति–गति।

□

कोई कैसे करे शिकायत...

कोई कैसे
करे शिकायत
सबके अंदर डर बैठा है
ऊँच-नीच व
लाभ-हानि में
मन तो गलती कर बैठा है

कोई नहीं
चाहता मुझसे
हानि किसी को हो थोड़ी भी
मेरे दुष्कर्मों
के कारण
ग्लानि किसी को हो थोड़ी भी
किंतु विवश
लालच के सम्मुख
बनकर जो विषधर बैठा है
ऊँच-नीच व
लाभ-हानि में
मन तो गलती कर बैठा है

कभी-कभी
बातों में फँसकर
चंचलता छू जाती मन को
जिसके कारण
विपदाएँ फिर
जीवन भर भरमाती तन को
बिना किसी
कारण के कोई
कहाँ किसी के घर बैठा है
ऊँच-नीच व
लाभ-हानि में
मन तो गलती कर बैठा है

सही-गलत का
निर्णय करना
मिला कहाँ अधिकार किसी को
किंतु कर्म से
धीरे-धीरे
मिलता है विस्तार सभी को
दोष नहीं
दे सकते उसको
जो सबसे ऊपर बैठा है
ऊँच-नीच व
लाभ-हानि में
मन तो गलती कर बैठा है।

□

यह मुखर होगा प्रखर...

यह मुखर
होगा प्रखर
यह भाग्य वह भी जानता है
सोच में
उसके–हमारे
बस जरा असमानता है

क्या पता
उसको भला यह
वक्त उससे छिन रहा है
जो खड़ा
होकर किनारे
दूर लहरें गिन रहा है
काश आकर
पास कहता
वेदना पहचानता है
सोच में
उसके–हमारे
बस जरा असमानता है

कह रहा है
दो किनारे
कब कहाँ पर मिल सकेंगे
तो सुनो
दोनों मिलेंगे
चलते-चलते जब थकेंगे
इन लकीरों
में नहीं वह
दिल नहीं यह मानता है
सोच में
उसके-हमारे
बस जरा असमानता है

चाहते हैं
हम नए पर्याय गढ़ने
इस सदी के
लौटने पर, वह
तुला है
धार से डरकर नदी के
पूजती हूँ, मैं उसे
वह कह रहा अज्ञानता है
सोच में
उसके-हमारे
बस जरा असमानता है।

□

कोरों पर...

कभी दाएँ
कभी बाएँ
हवा करवट बदलती है
सदा पलकों
की आकर कोर
पर नदियाँ मचलती हैं

हृदय की
भावना के बँध
सारे टूट जाते हैं
सत्य के
साथ चलने पर
लोग जब रूठ जाते हैं
अधूरी
आरजू तनहाइयों
के साथ चलती है
सदा पलकों
की आकर कोर
पर नदियाँ मचलती हैं

कहीं इस
मोड़ से लौटी
कहीं उस
मोड़ से लौटी
बताएँ कब,
कहाँ, कैसे, कहाँ
किस मोड़ से लौटी
हमारी
दोपहर सी ही
सदा तकदीर जलती है
सदा पलकों
की आकर कोर
पर नदियाँ मचलती हैं

सफर में
छोड़कर पहले
चले जाते तो अच्छा था
भरोसा
तोड़कर पहले
चले जाते तो अच्छा था
न जाने
क्यों सरलता ही
मुझे हर बार छलती है
सदा पलकों
की आकर कोर
पर नदियाँ मचलती हैं।

□

सोते-सोते जाग जाते हैं…

सोते–सोते जाग जाते हैं
दिल के सारे जख्म पुराने
लोग कहाँ सोने देते हैं
आ जाते हैं रोज जगाने

मीठी–मीठी बातों वाला
मरहम लेकर आते हैं
फिर बार–बार नाखून लगाकर
सब नासूर बनाते हैं

फिर खुरच–खुरचकर घाव पुराने
आ जाते हैं आग लगाने
लोग कहाँ सोने देते हैं
आ जाते हैं रोज जगाने

जब–जब मन होता है सबकुछ
भूल–भालकर थोड़ा हँस लूँ
दुनिया की तू–तू मैं–मैं से
जाकर कहीं किनारे बस लूँ

जब जाने की कोशिश करती
आ जाते सब शोर मचाने
लोग कहाँ सोने देते हैं
आ जाते हैं रोज जगाने

सीधी-साधी, भोली-भाली
आ जाती सबकी बातों में
बिन मौसम होती है बारिश
भीग रही हूँ बरसातों में

दिल अनपढ़ है इसी वजह से
आ जाते हैं सभी सताने
लोग कहाँ सोने देते हैं
आ जाते हैं रोज जगाने।

□

सोने जैसा···

काँटों की
बगिया में फूलों
के जैसा जीवन
सोने जैसा
पूरा तन है
मिट्टी का बर्तन

घने बबूलों
की नगरी में
चंदन को बोना
एक तरह से
काम कठिन जो
मुश्किल है होना
किंतु मना
लोगे मन को तो
कर सकता है मन
सोने जैसा
पूरा तन है
मिट्टी का बर्तन

अभिलाषाएँ
सीमित कर लो
इनका छोर नहीं
साँसों पर
अधिकार किसी
का कोई जोर नहीं
अपवादों का
करना होगा
सबको ही खंडन
सोने जैसा
पूरा तन है
मिट्टी का बर्तन

हालातों से
लड़ना मैंने
सीख लिया जब से
आगे-पीछे
डोल रही है
यह दुनिया तब से
मुझे पता है
इस जीवन का
करना है मंथन
सोने जैसा
पूरा तन है
मिट्टी का बर्तन।

□

सागर की लहरों के जैसे...

आगे-पीछे
दाएँ-बाएँ
अगल-बगल में रहते
सागर की
लहरों के जैसे
स्वप्न हमारे बहते

रेशम वाली
डोरी पहले
षड्यंत्रों ने बाँधी
मुझे मिटाने की
खातिर लेकर
आए काली आँधी
हम थे वृक्ष नहीं
जो कोई
तेज हवा में ढहते
सागर की
लहरों के जैसे
स्वप्न हमारे बहते

किस्मत लिखने
वाले हम हैं
अपने जज्बातों से
समय-चक्र को
बदला मैंने
अपने इन हाथों से
हम कोई
पतवार नहीं
जो रहें थपेड़े सहते
सागर की
लहरों के जैसे
स्वप्न हमारे बहते

चलो निरंतर
साथ हमारे
हाथ थामकर मेरा
प्रतिदिन राह
बुहारेगा फिर
आकर नया सवेरा
जाग रहे हैं
स्वप्न हमारे
आकर मुझसे कहते
सागर की
लहरों के जैसे
स्वप्न हमारे बहते।

□

कवि-मन वेद ऋचा है…

शेष नहीं कुछ पास हमारे
केवल काव्य बचा है
अक्षर–अक्षर सहज भाव से
चुनकर काव्य रचा है

मैं दोषी हूँ अपने मन की
आरमानों को दाँव लगाया
जब–जब घाव भरे कुछ थोड़े
फिर से घावों को खुजलाया

पीड़ाओं का प्रतिदिन रह–रहकर
कोहराम मचा है
अक्षर–अक्षर सहज भाव से
चुनकर काव्य रचा है

यश–वैभव के दूर नगर से
डूबी मैं अपनी मस्ती में
सुख–सुविधा तर्पण कर आई
पीछे नगरों में, बस्ती में

मुझे काव्य के इतर कभी न
कोई राग जँचा है
अपनी मस्ती के आगे न
कोई राग जँचा है
अक्षर-अक्षर सहज भाव से
चुनकर काव्य रचा है

संन्यासी मन सुधि-बुद्धि त्यागे
श्मशानों में घूम रहा है
मन आशाओं के अंबर को
बार-बार ही चूम रहा है

जिसका मन हो जैसे गाए
कवि-मन वेद ऋचा है
अक्षर-अक्षर सहज भाव से
चुनकर काव्य रचा है।

□

मुझे उम्मीद है उस दिन...

उतरकर जब किनारों से
नदी के पार जाएगा
मुझे उम्मीद है उस दिन
सितमगर हार जाएगा

किसी भी ख्वाब का मंजर
कभी भी कम नहीं होगा
अगर मिट भी गई हस्ती
तो कोई गम नहीं होगा

बदलते दौर का फिर से
लिखा अखबार जाएगा
मुझे उम्मीद है उस दिन
सितमगर हार जाएगा

समय की है अभी गति और
थोड़ी तेज करने को
हवाओं की जरूरत है मुझे
महसूस करने को

हवा के साथ में उस तक
हमारा प्यार जाएगा
मुझे उम्मीद है उस दिन
सितमगर हार जाएगा

भले नासाज हो मौसम
हवाएँ रुख बदलती हों
उठा हो जोर का तूफाँ
घटाएँ भी मचलती हों

मगर हाथों में जब उसके
कोई उपहार जाएगा
मुझे उम्मीद है उस दिन
सितमगर हार जाएगा।

□

आओ कविता तुम्हें लिखाएँ···

कविता लिखना बहुत सरल है
आओ कविता तुम्हें लिखाएँ
क्या लिखना है तुमको बोलो
तुम अपनी इच्छा बतलाओ

चाहे अपनी क्षमता लिख दो
चाहे माँ की ममता लिख दो
या भैया की लिखो कलाई
या माँ की लिख दो तुरपाई

मैं लिखने में सब सक्षम हूँ
तुम बस मन का भाव बताओ
क्या लिखना है तुमको बोलो
तुम अपनी इच्छा बतलाओ

चाहे मुझसे जल पर बोलो
या लिखना हो थल पर बोलो
चाहे मुझसे आज लिखा लो
चाहे लिखना कल पर बोलो

मैं कविता हूँ चल सकती हूँ
तुम बस मुझको राह दिखाओ
क्या लिखना है तुमको बोलो
तुम अपनी इच्छा बतलाओ

मैं वीरों की कुरबानी में
मैं संतों की हूँ वाणी में
मेरा सरस रूप यह केवल
मैं बहती हूँ हर प्राणी में

मुझमें सारे राग समाहित
चाहे मुझको जैसे गाओ
क्या लिखना है तुमको बोलो
तुम अपनी इच्छा बतलाओ।

□

नया संगीत निकला···

रात भर आँसू बहाए
तब कहीं यह गीत निकला
प्रेम में हारे हुए मन से
नया संगीत निकला···

लोग अपनी आस्था से
भाव का वाचन करेंगे
भाव वीणा पर चढ़ेगा
तार तक कंपन करेंगे

क्योंकि जब मैं लिख रही थी
उस समय कंपित हृदय था
उस समय घुटने लगा दम
स्वर बहुत भयभीत निकला
प्रेम में हारे हुए मन से
नया संगीत निकला···

कुछ कहेंगे, क्या लिखा है···
दर्द था कितना हृदय में

कुछ कहेंगे, सूर्य जैसा
तेज है इसके उदय में

जल रहा है दिल
उसी की रोशनी में
लिख रही हूँ
रोशनी से शब्द निकले
शब्द से मनमीत निकला
प्रेम में हारे हुए
मन से नया
संगीत निकला···

कुछ बड़े होने से पहले
हो गए हैं स्वप्न बौने
इस तरफ वीरान मौसम
उस तरफ सपने सलोने
भाग्य ने करवट बदल ली
क्या करेगा प्रेम इसमें
भाग्य का मौसम दोबारा
फिर शरद से शीत निकला
प्रेम में हारे हुए मन से
नया संगीत निकला···

□

अभिनंदन की थाली है···

स्वर कविता का सुनिए मेरी
गूँगों का उच्चारण है
प्रश्न उठाती है दुविधा पर
दुविधा का निस्तारण है

बेबसता लाचारी के यह
घाव मिटाती रहती है
निःस्वार्थ भाव से पीड़ाओं पर
लेप लगाती रहती है

निर्बल–अक्षम लोगों को जब
लोग सताने लगते हैं
ज्यों चकोर को आसमान का
चाँद दिखाने लगते हैं

फिर बगुलों को कंठी वाला
भगत बताया जाता है
अँधियारे को उजियारे का
हाथ थमाया जाता है

आन–मान–मर्यादा का
तब खंडन होने लगता है
फिर दुष्टों के दल का
महिमामंडन होने लगता है

खून खौल उठता है अपने
रौद्र रूप को धरती है
धरती हिलने लगती
कविता जब हुंकारें भरती है

उस पल रौद्र रूप में कविता
दुर्गा खप्पर वाली है
वैसे यह बगिया की कोमल
पुष्पों वाली डाली है

चूड़ी वाले इन हाथों में
अभिनंदन की थाली है
किंतु धर्म पहला ही इसका
इस भू की रखवाली है

जिसकी जितनी श्रद्धा उसकी
उतनी झोली भरती है
निष्ठा और प्रतिष्ठा दोनों
का संयोजन करती है

प्रेम-युक्त केसर की क्यारी
का अभिनंदन करती है
माँ भारती के चरणों में
शत-शत वंदन करती है।

□

जो वरदान मिला ऊपर से…

हम शब्दों के हार बनानेवाले हैं
शब्दों की पतवार बनानेवाले हैं
जो वरदान मिला ऊपर से लिखने का
उससे हम किरदार बनानेवाले हैं

जो वरदान मिला उसकी भरपाई में
शामिल होते रहते पीर पराई में
इर्द-गिर्द उनका साया बन रहते हैं
जिनके घर टूटे बेबस तनहाई में
एक प्रतिज्ञा घर से लेकर निकले हैं
हम उनका घर-द्वार बनानेवाले हैं
हम शब्दों के हार बनानेवाले हैं
शब्दों की पतवार बनानेवाले हैं
जो वरदान मिला ऊपर से लिखने का
उससे हम किरदार बनानेवाले हैं

सौदागर करते हैं सौदा माली से
जुदा किया जाता कलियों को डाली से
जिन्हें पेट भरने से अपने मतलब है

छीन रहे जो लोग निवाले थाली से
वे अपना मुझको प्रतिद्वंद्वी समझेंगे
जो फूलों को खार बनानेवाले हैं
हम शब्दों के हार बनानेवाले हैं
शब्दों की पतवार बनानेवाले हैं
जो वरदान मिला ऊपर से लिखने का
उससे हम किरदार बनानेवाले हैं

षड्यंत्रों के चक्रव्यूह को तोड़ेंगे
इतिहास नया पन्नों पर लिखकर जोड़ेंगे
जब-जब दुर्योधन कोई ललकारेगा
अभिमन्यु बनकर रण की गति मोड़ेंगे
वे अस्त्रों से वार करेंगे लेकिन हम
शब्दों को हथियार बनानेवाले हैं
हम शब्दों के हार बनानेवाले हैं
शब्दों की पतवार बनानेवाले हैं
जो वरदान मिला ऊपर से लिखने का
उससे हम किरदार बनानेवाले हैं।

□

संबंध

हे गुरुवर…!

मिट्टी के ढेले को तुमने
इक दीपक में ढाल दिया
कौशल और कला का घृत
उसके अंदर फिर डाल दिया

उसके ही कारण से जीवन
स्वतः प्रकाशित होता है
दुर्गम पथ भी धीरे-धीरे
स्वतः सुवासित होता है

मेरी अंजुरी में खुशियों को
तुम्हीं डालनेवाले हो
पथ की सारी भव-बाधाएँ
तुम्हीं टालनेवाले हो

ज्ञान-स्वरूपा दिव्य ज्योति से
जीवन को संचार मिला
बूँद-बूँद पानी से मिलकर
नदिया को आकार मिला

जब तक साँसों में हलचल
ऋण तब तक रोज चुकाऊँगी
किंतु सत्य है हे गुरुवर!
ऋण-मुक्त नहीं हो पाऊँगी

सुता की भाँति ही सदा पितृवत्
तुमने मुझे दुलार दिया
एक विखंडित मूरत को
समुचित निर्मल आकार दिया

हे गुरुवर! यह कृपा तुम्हारी
जीवन में उजियारा है
बल, विवेक, यश-वैभव तुम हो
तुम बिन सब अँधियारा है।

□

मेरे पापा…

पापा मेरे सागर मेरा
मैं उनकी गहराई हूँ
भैया के माथे का टीका
अम्मा की परछाई हूँ

दादा के हाथों की लाठी
मैं दादी की पूँजी हूँ
पूरे घर की खुशियों में
किलकारी बनकर गूँजी हूँ

सहनशीलता पापा ने
अम्मा ने त्याग सिखाया है
भैया से निःस्वार्थ भावना
को मैंने अपनाया है

फूलों सी कोमलता पाई
मैंने दादा–दादी से
संस्कार अपनाए मैंने
अपने घर की वादी से

कोई यदि पूछे मुझसे कि
तुमने ईश्वर देखा है
तो बोलूँगी मैंने अपने
घर में ईश्वर देखा है

जो मेरी खुशहाली की खातिर
हर उपक्रम अपनाते हैं
जरा कष्ट हो मुझको उनके
नयना नीर बहाते हैं

उन्हें समर्पित है यह जीवन
जो जीवन के दाता हैं
मेरा ईश्वर मेरी अम्माँ
पापा भाग्य विधाता हैं।

□

फूलों की बगिया के जैसी...

इक लड़के से बेहतर लड़की
अपना फर्ज निभाती है
फूलों की बगिया के जैसी
हरदम ही मुसकराती है

थककर पापा के आने पर
चाय बनाने लगती है
थकान मिटाने की खातिर झट
ध्यान बँटाने लगती है

दिन भर के लेखे-जोखे की
विधिवत् कथा सुनाती है
फूलों की बगिया के जैसी
हरदम ही मुसकराती है

अपने-अपने मन की सब
करते रहते हैं फरमाइश
किंतु कभी जाहिर न करती
अपने मन की कोई ख्वाहिश

रंग-बिरंगे सपनों जैसी
आँगन में इतराती है
फूलों की बगिया के जैसी
हरदम ही मुसकराती है

भाई-भौजाई की गलती
अपने सिर ले लेती है
बदले में सम्मोहन पूरे घर
भर को दे देती है

उसे पता है इक दिन जाना
फिर भी घर महकाती है
फूलों की बगिया के जैसी
हरदम ही मुसकराती है।

□

अभिप्रेरणा

इस दीवाली में जलाओ…

इस दीवाली में जलाओ
एक दीपक नेह का
जो मिटा दे हो गया जो
तम घना संदेह का

एक दीपक
देहरी पर
शांति के अभिप्राय के हित
दूसरा रखना
जलाकर
तुम स्वयं के न्याय के हित

अंकुरित होने लगेगा
बीज फिर स्नेह का
इस दीवाली में जलाओ
एक दीपक नेह का

राह में भटके
हुए पथिकों

के पथ को दो उजाला
इक दिया रख
कर मिटा दो
रोशनी से दृश्य काला

है अधूरा रोशनी बिन
स्वर्ग होना गेह का
इस दीवाली में जलाओ
एक दीपक नेह का

कामनाओं
से परे इक
दीप देवों का जलाना
भावना का
अर्घ्य देकर
बस उन्हें इतना बताना

राम बिन सूना स्वयंवर
है अभी वैदेह का
इस दीवाली में जलाओ
एक दीपक नेह का।

□

रावण हर वर्ष जलाया जाता है…

राम सिखाते वचन निभाना
महल जीतकर सोने का
धर्म पराजित नहीं हुआ है
और नहीं है होने का

कर सकते हैं अनदेखा हम
कुछ पल को अच्छाई को
किंतु पराजित न कर पाएँगे
हरगिज सच्चाई को

अच्छाई–सच्चाई का जो
भेद नहीं कर पाता है
वह सच्चाई को कहने से
पहले ही डर जाता है

भ्रम में फँस जाने के कारण
दिशा भटकने लगती है
और बुराई मन के अंदर
फिर घर करने लगती है

दृष्टि बदल जाती है मन में
पाप मचलने लगता है
अहं भाव के आते ही
प्रतिशोध उबलने लगता है

अपने कर्मों के कारण ही
दलदल में फँस जाता है
पंडित ज्ञानी होकर भी
वह नीचे को धँस जाता है

रावण केवल कुछ पल को ही
सच अनदेखा करता है
यही वजह है केवल जिसके
कारण रावण मरता है

पापों का लेखा-जोखा
हर बार बनाया जाता है
यही बताने को रावण
हर वर्ष जलाया जाता है।

□

सुख-दुःख, लाभ-हानि

सुख–दुःख,
लाभ–हानि दो पहलू
यह जीवन के दो पहिया हैं
एक धुरी से
निकल गया तो
जीवन स्थिर हो जाएगा

यश–अपयश तो
केवल भ्रम है
इसके कुछ है ऊपर जीवन
उसके ऊपर
जाकर देखो
वहाँ मिलेगा केवल इक मन
अगर वहाँ तक
पहुँच गए तो
जीवन हिमगिरि हो जाएगा
सुख–दुःख,
लाभ–हानि दो पहलू
यह जीवन के दो पहिया हैं

एक धुरी से
निकल गया तो
जीवन स्थिर हो जाएगा

एक सत्य है
श्वेत रंग बस
छद्म-युक्त हैं परिभाषाएँ
जिसके ऊपर
रखी गई हैं
जीवन की यह नव-आशाएँ
उनको जिस दिन
धारोगे भ्रम
स्वतः मलिन फिर हो जाएगा
सुख-दुःख,
लाभ-हानि दो पहलू
यह जीवन के दो पहिया हैं
एक धुरी से
निकल गया तो
जीवन स्थिर हो जाएगा

खंडन और
विखंडन थोड़ा
दोनों की यति-गति को जानो
इसके बल में
जो कारण है
उसको थोड़ा तो पहचानो
उसे नियंत्रित

जब कर लोगे
मन यह मंदिर हो जाएगा
सुख-दुःख,
लाभ-हानि दो पहलू
यह जीवन के दो पहिया हैं
एक धुरी से
निकल गया तो
जीवन स्थिर हो जाएगा।

□

चलो थोड़ा चला जाए…

हवाओं के सहारे ही
चलो थोड़ा चला जाए
चलो इस शर्त से कोई
नया रिश्ता गढ़ा जाए

नहीं ठहरा हुआ पानी
कभी सैलाब ला सकता
जमीं से जिस तरह कोई
नहीं महताब पा सकता

नहीं हैं पंख तो जज्बात
के दम से उड़ा जाए
चलो इस शर्त से कोई
नया रिश्ता गढ़ा जाए

नजर में आ गए हो तो
नजर के साथ ही चलना
मुकम्मल जिंदगी का
इक नया है रास्ता गढ़ना

नहीं यदि दौड़ सकते तो
सरककर ही बढ़ा जाए
चलो इस शर्त से कोई
नया रिश्ता गढ़ा जाए

हवाएँ थम भी जाएँ तो
कभी विश्वास मत खोना
जरूरी है तुम्हारे उस
समय विश्वास का होना

टिकी तुम पर निगाहें जो
उन्हें फिर से पढ़ा जाए
चलो इस शर्त से कोई
नया रिश्ता गढ़ा जाए।

□

जीवन क्या है…?

जीवन क्या है… ?

जीवन तुंग हिमालय जैसा
जीवन है देवालय जैसा
जीवन है इक कोरा पन्ना
निर्मल मन की एक तमन्ना
जिसके सम्मुख सब बौने हैं
हीरे–मोती, पन्ना–वन्ना
बस इतना ही तो जीवन है।

जीवन क्या है ?

जीवन फूलों की खुशबू है
घर में आई नई वधू है
जीवन एक महल है सुंदर
पंचभोग जिसके हैं अंदर
जीवन को समझेगा जो भी
सिर्फ लिखेगा वही मुकद्दर
बस इतना ही तो जीवन है।

जीवन क्या है ?

जीवन केवल कर्म-चक्र है
संघर्षों का धर्म-चक्र है
जीवन है नदियों का झरना
चट्टानों से गिरकर चलना
सहज तरल पानी के जैसी
खुद में है शीतलता भरना
बस इतना ही तो जीवन है।

जीवन क्या है ?

जीवन की पूरी परिभाषा
शांत हृदय की कोमल भाषा
जीवन है सुख-दुःख का संगम
भावों का जिसमें है उद्गम
बार-बार लहरें उठती हैं
कभी अधिक तो कभी उठे कम
बस इतना ही तो जीवन है।

जीवन क्या है ?

जीवन है नवका को खेना
खुद को खुद से है कर लेना
जीवन सागर की गहराई
आसमान जिसकी परछाई
जब भीगेगा तन-मन पूरा

आएगी निश्चित अमराई
बस इतना ही तो जीवन है।

जीवन क्या है ?

जीवन का मतलब है जलना
पुनः कली बनकर फिर खिलना
जीवन है भौंरों का गुंजन
जीवन है सागर का मंथन
जीवन एक कली के जैसे
महकाता है पूरा उपवन
बस इतना ही तो जीवन है।

जीवन क्या है ?

जीवन रिक्त क्षेत्र है जिसमें
शब्द साध भरने हैं इसमें
जीवन है इक दृश्य अधूरा
जिसका रंग सुनहरा-भूरा
अपने कला और कौशल से
दृश्य अधूरा करना पूरा
बस इतना ही तो जीवन है।

□

इस नियति से सीखना है...

जगमगाती रोशनी का
हो रहा है दृश्य काला
स्वार्थ की इस जिंदगी में
कौन बाँटेगा निवाला?

माँगता कुछ भी नहीं है
सिर्फ सबको दे रहा है
जो नियति का चक्र पूरा
कर्म अपना कर रहा है
कब कहा कि याचना में
आ के हमसे धूप माँगो
अर्घ्य देने का समय है
आ गया हूँ आप जागो
एक हम हैं जो हवा से
चाहते हैं कर वसूलें
बस दिवाकर दे रहा
निःस्वार्थ में सबको उजाला
स्वार्थ की इस जिंदगी में
कौन बाँटेगा निवाला?

जब दिशाएँ मौन होती
उस समय वह हाथ देता

एक है केवल कलाधर
जो निशा का साथ देता
शांत–शीतल चाँदनी से
तम सदा ही छाँटता है
वह अँधेरों के नगर में भी
उजाला बाँटता है
स्वार्थी दुनिया में कुछ भी
स्वार्थ बिन होता नहीं है
एक माँ के चार बेटों ने
नहीं माँ को सँभाला
स्वार्थ की इस जिंदगी में
कौन बाँटेगा निवाला

इस नियति से सीखना है
स्वार्थ से निःस्वार्थ होना
हो भले ही श्रेष्ठ कुल में
शेष अब भी पार्थ होना
इस धरा से सीखना है
भार लोगों का उठाना
फिर नियति से सीखना है
साथ मिलकर गुनगुनाना
अर्थ से बाहर निकलकर
सोचना कुछ शेष अब भी
यदि अभी समझे नहीं हम
व्यर्थ का देंगे हवाला
स्वार्थ की इस जिंदगी में
कौन बाँटेगा निवाला।

□

पत्थर होने से अच्छा है···

पत्थर से कब फूल निकलते
डाली से निकले रोजाना
पत्थर होने से अच्छा है
पैरों की धूली हो जाना

क्या करना उस राजमहल का
जिसमें मर जाते हों सपने
जनम-जनम की कसमें खाकर
साथ छोड़ देते हों अपने

बेहतर है उस राजमहल से
फुटपाथों पर ही सो जाना
पत्थर होने से अच्छा है
पैरों की धूली हो जाना

तन से रमकर मन तक पहुँचें
कुछ निर्मल-पावन आशाएँ
पहुँच गई हों इर्द-गिर्द यदि
कुछ उससे पहले विपदाएँ

घोर निराशा छाए उससे
पहले कुछ बेहतर बो जाना
पत्थर होने से अच्छा है
पैरों की धूली हो जाना

इच्छाओं का अंत नहीं है
फिर भी इन्हें समझना होगा
मन सुधियों का भवसागर है
इसके पार उतरना होगा

जो भारी हो इच्छा मन पर
अच्छा है उसका खो जाना
पत्थर होने से अच्छा है
पैरों की धूली हो जाना।

□

पढ़-लिखकर क्या बड़ा हुआ···

मौसम बदले अपनी करवट
ले-लेकर अँगड़ाई
सूरज के जाने से पहले
डूब गई परछाई

पढ़-लिखकर क्या बड़ा हुआ
बेटा परदेसी बाबू
नहीं फोन से भी अब पूछे
कैसे हो तुम बापू

घर की चर्चा जब-जब होती
यारों से कतराए
भूल गया अम्मा का आँचल
किसको मिलने आए

एक पिता बूढ़ा जो उसको
सदा दुआएँ देता
उसके बदले में बेटे से
कभी नहीं कुछ लेता

अपने बूढ़े हाथों से
पूरा परिवार चलाता
नहीं उठा सकता है फिर भी
भारी भार उठाता

पैरों में आया है कंपन
आँखों में अँधियारा
धुँधली आँखें देखें फिर भी
आसमान में तारा

तिल-तिल जोड़े टूटे सपने
नहीं दवाई आ पाई
अब जाना मुश्किल है
पैरों में पड़ गईं बेवाई

अँधियारे में डूब रही है
रंग-बिरंगी दुनिया
ब्याह रचाने को बैठी है
घर में छोटकी मुनिया

ऐसी औलादों से बेहतर
न औलादें होना
जो रिश्तों को सिर्फ समझते
केवल एक खिलौना

हम सबसे बेहतर इक कौआ
अपना फर्ज निभाता
एक अगर मर जाए आकार
हर कौआ चिल्लाता।

□

क्या-क्या ले जाएगा घर को...

महल बनानेवाले हाथों को
केवल दुत्कार मिली है
मेघ बरसते हैं सागर में
प्यास बहुत लाचार मिली है

अंधों के हाथों से अकसर
रोटी छीनी जाती है
बर्बरता की मानवता पर
चादर बीनी जाती है

जिसका जो अधिकार उसी के
बदले में प्रतिकार मिला
गाँव-गली में खून से लथपथ
हर दिन ही त्योहार मिला

जो श्रम-कणिकाओं में अपना
बदन भिगोया करते हैं
बिलख-बिलखकर उनके बच्चे
भूखे रोया करते हैं

कमर झुकी है फिर भी भारी
बोझ उठाना पड़ता है
नाबालिग बच्चों से अपने
काम कराना पड़ता है

महँगाई के पर निकले हैं
आई है चौराहे पर
मजदूरों को खींच-खींचकर
ले आई दोराहे पर

दो सौ सिर्फ कमानेवाला
कैसे घर को पालेगा
क्या-क्या ले जाएगा घर को
क्या-क्या और बचालेगा···

तेल हुआ है दो सौ पूरा और
टमाटर अस्सी है
इस महँगाई के कारण की
जिम्मेदारी किसकी है

आगे कुआँ बड़ा पाँवों के
पीछे गहरी खाई है
दैनिक श्रम के कद से ज्यादा
खर्चे की परछाई है।

□

लेखा-जोखा रखनेवाले···

रंग बदलनेवाले गिरगिट
दीवारों में सिले हुए हैं
लेखा–जोखा रखनेवाले
दुश्मन के संग मिले हुए हैं

लालच की इन गतिविधियों से
रिश्ते–नाते टूटे सारे
जब से बने महल नगरों में
मिट्टी के घर फूटे सारे

जहाँ गुलाबों की खेती थी
वहाँ धतूरे खिले हुए हैं
लेखा–जोखा रखनेवाले
दुश्मन के संग मिले हुए हैं

जगा–जगाकर सुला रहे थे
मुझे भरोसा देनेवाले
उन्हें भरोसा मुझपर इतना
घर के अंदर डाले ताले

कैसे करे भरोसा कोई
सब अंदर से हिले हुए हैं
लेखा-जोखा रखनेवाले
दुश्मन के संग मिले हुए हैं

इसे सींचने के चक्कर में
बह जाएगा काजल-वाजल
बंजर हो जाएगी धरती
रूठ गए यदि बादल-वादल

मतभेदों को यहीं मिटा दो
सबको सबसे गिले हुए हैं
लेखा-जोखा रखनेवाले
दुश्मन के संग मिले हुए हैं।

□

होंठों की मुसकान…

होंठों की मुसकान
सफलता देती है
मधुरिम स्वर की तान
तरलता देती है

सच्चे रत्न मिलेंगे
केवल झोली में
अमृत गर खोजोगे
मीठी बोली में

आत्मसात् कर लोगे
खुद के जीवन को
तब जाकर पहचान
अमरता देती है

मधुरिम स्वर की तान
तरलता देती है
होंठों की मुसकान
सफलता देती है
संयम से संकट सह

पाना भगती है
राह कठिन ही तृप्ति
तुम्हें दे सकती है

क्योंकि सत्य यही है
केवल दुनिया में
सच्चाई की राह
प्रबलता देती है

मधुरिम स्वर की तान
तरलता देती है
होंठों की मुसकान
सफलता देती है

तन से हारो मन से
मत स्वीकार करो
जीवन समर भूमि में
मत गांडीव धरो

पाँच पांडव सबकुछ
पहले हारे थे
सहनशक्ति तब उन्हें
सरलता देती है

मधुरिम स्वर की तान
तरलता देती है
होंठों की मुसकान
सफलता देती है।

□

गलत उम्मीद का साया…

गलत उम्मीद का साया
बसा घर तोड़ सकता है
अचानक जिंदगी का रुख
कहीं भी मोड़ सकता है

भुजाओं में लिये हो बल
मगर रीता चला आए
जुआ है जिंदगी जो मानकर
जीता चला आए

सफर में हाथ हाथों से
कहीं वह छोड़ सकता है
अचानक जिंदगी का रुख
कहीं भी मोड़ सकता है

तड़पकर रात भर जिसने
कलम अपनी चलाई हो
हमेशा वेदना में देह को
अपने जलाई हो

वही उम्मीद से बढ़कर
नया कुछ जोड़ सकता है
अचानक जिंदगी का रुख
कहीं भी मोड़ सकता है

निगाहों में लिये ख्वाहिश
विसंगति में जिया होगा
गरल को मानकर अमृत
सदा हँसकर पिया होगा

वही बस धैर्य पर्वत से
मसलकर फोड़ सकता है
अचानक जिंदगी का रुख
कहीं भी मोड़ सकता है।

□

अँधेरों के इलाकों में···

विधाता रूठ जाए गर
निवाले मिल नहीं सकते
अँधेरों के इलाकों में
उजाले मिल नहीं सकते

उजाला आँख जो बाँटे
कभी वह नम नहीं होती
दीये की रोशनी बहकर
कभी भी कम नहीं होती

मगर मन स्वच्छ न हो तो
शिवाले मिल नहीं सकते
अँधेरों के इलाकों में
उजाले मिल नहीं सकते

नियति में खोट रखकर के
करेगा काम यदि कोई
दिशा को मोड़कर अपनी
करे आराम यदि कोई

उसे फिर मुफ्त में
साले–दुशाले मिल नहीं सकते
अँधेरों के इलाकों में
उजाले मिल नहीं सकते

सदा संघर्ष कहता है
सभी के भाग्य का प्रतिफल
इसे ही खोजना होगा
इसी में है समय का हल

कभी भी कर्म के साँकल में ताले
मिल नहीं सकते
अँधेरों के इलाकों में
उजाले मिल नहीं सकते।

□

घूम रही है पूरी दुनिया...

घूम रही है पूरी दुनिया
बाजारी चौराहों पर
कोई नहीं ठिठकनेवाला
दीन–दुःखियों की आहों पर

पहले ईश्वर आ जाते थे
रूप धारकर मानव का
दीनों का संत्रास मिटाने
व वध करने दानव का

अब ईश्वर भी असमंजस के
खड़ा हुआ दोराहों पर
कोई नहीं ठिठकनेवाला
दीन–दुःखियों की आहों पर

कल का युग है यानी कलयुग
हाथों वाला काम नहीं
कल की जोड़–गाँठ में उलझे
मिलता भी आराम नहीं

आखिर कब तक कोई माँगे
मन्नत यों दरगाहों पर
कोई नहीं ठिठकनेवाला
दीन–दु:खियों की आहों पर

पंख बाँधकर नश्वर जग में
आशाओं को छोड़ दिया
थोड़े से लालच के कारण
धर्म धुरी को तोड़ दिया

धरा उठाना चाह रहे सब
अपनी ही दो बाँहों पर
कोई नहीं ठिठकनेवाला
दीन–दु:खियों की आहों पर।

□

संघर्षों के बाद सदा ही···

संघर्षों के बाद सदा ही
जीवन को उन्माद मिला है
भूले-बिछड़े इस जीवन का
जीवन को अनुवाद मिला है

कितनी बार बिखरी मन से
टूट-टूटकर अभिलाषाएँ
दुविधाओं के पर्वत के नीचे
दबी पड़ी हैं नव-आशाएँ

जाने कितना क्षण-क्षण इसको
जीवन में अवसाद मिला है
भूले-बिछड़े इस जीवन का
जीवन को अनुवाद मिला है

रक्त बहाकर मंजिल तक
पथ का पहले शृंगार हुआ है
धीरे-धीरे मन के अंकुर
का ऐसे विस्तार हुआ है

काँटों पर सोए थे पहले
सुख फिर उसके बाद मिला है
भूले-बिछड़े इस जीवन का
जीवन को अनुवाद मिला है

प्रथक-प्रथक मिथ्याएँ आकर
उलट गईं सब ताना-बाना
पता नहीं अनजान हवा थी
मैंने कुछ भी न पहचाना

भटक-भटककर हार गए जब
तब जाकर यह स्वाद मिला है
भूले-बिछड़े इस जीवन का
जीवन को अनुवाद मिला है।

□

दर्द की अच्छी दवा है...

दर्द की अच्छी दवा है
सब समय पर छोड़ देना
और हलके से इशारे
से दिशा को मोड़ देना

चाह अमृत की अगर है
तो गरल पीना कठिन है
दाग चेहरों के छुपाकर
जिंदगी जीना कठिन है

आईना धुँधला पड़े तो
आईने को तोड़ देना
और हलके से इशारे से
दिशा को मोड़ देना

झूठ को जो सच बनाने
की कलाएँ दे रहा है
सत्य है वह ही तुम्हें
सारी बलाएँ दे रहा है

जो बलाओं से बना हो
वह घरौंदा तोड़ देना
और हलके से इशारे से
दिशा को मोड़ देना

जब दिशा बदलेगी थोड़ी
तो तुम्हें संबल मिलेगा
नितांत में कुछ सोचने का
इक सुनहरा पल मिलेगा

एक अक्षर व्याकरण से
और गति में जोड़ देना
और हलके से इशारे
से दिशा को मोड़ देना।

□□□